HORIZONS

Horizons.

Je ne peux plus saké le monde du vin en France. Il me sort par les narines : ça pique. Ils savent tout, jugent tout. Je préfère mes amis. On boit pour le plaisir. Comme Aristodème, ce petit homme qui va toujours nu-pieds. Je suis mon propre ami, j'aime ma compagnie. Pour cet ouvrage, moins d'images, plus de fond. J'y suis. Cela prendra plus de temps. Inspirations du jour, ou non. On est fatigué de commenter l'actualité. Les parapluies interdits au marché de Noël à Strasbourg. Cherbourg je comprendrais. On va suivre le fil du ruisseau comme si nous étions postés devant lui un jour pluvieux d'automne. Contemplatifs, le monde suit son cours.

Travers.

On retombe toujours dans ses travers. C'est comme le cochon. Grillé. La littérature est un masque. Je vais vous dire une vérité. J'ai très peu lu de livres en entier. Tout Tanizaki, les deux tommes de la Pléiade, Oeuvres complètes I & II, tardivement. Beaucoup Dostoïevski vers quinze ans. Comme tout le monde Jules Verne à 11 ans, les Mousquetaires à 13. Les livres imposés de l'école à vous dégoûter de toute lecture. Ne pas citer par respect pour leurs auteurs. Tout le monde a eu les mêmes.

Lucien Leuwen fut un challenge à finir. Il faisait chaud, c'était l'été. Un peu de Camus, mais un peu en entier quand même. Par contre tous les San-Antonio, mon père les avaient depuis le premier. Je ne sais si Astérix est de la littérature.

Voire Lucky Luke, moins pour les textes. Certains, il fut une époque, avaient des BD dans les toilettes, cela permettait de relire.

Nous avions en seconde une prof de français très littéraire. Elle nous demanda de faire une création comique. Je fus convoqué pour plagiat. « Vous avez tout pompé sur San-Antonio ». Ce n'était pas le cas, mais apparemment j'étais assez imprégné.

Lecture.

Il vaut mieux lire quelques lignes très bonnes, que beaucoup mauvais. Il faut flâner dans les librairies, prendre un livre et ouvrir au hasard. Reprendre des livres de sa bibliothèque, trainer un peu chez les bouquinistes, ceux qui ont des livres anciens. C'est bon de toucher le vieux. Surtout quand on n'est plus jeune. C'est ce que l'on espère.

Je lis les bulletins de François Audouze. C'est indécent. Je l'avais à ma gauche lors de la dégustation DRC 2014 que l'on m'avait offerte pour mes… Il avait bu une pinte de bière avant la dégustation : je ne sais que penser. Il doit faire partie des personnes au monde qui boivent les plus grands flacons de l'histoire. Moi j'en suis réduit au mourvèdre en promo. Jaloux non, je n'ai pas de Porsche.

Aujourd'hui.

Le meilleur tour international gourmet de Paris. Un lundi, midi, sous la pluie. Impossible de changer la date et l'heure. Il faut être inventif.

Les gens veulent l'expérience de leur vie, comme un mariage. Je comprends, imaginons, premier jour à Tokyo, je prends un *Food tour*. Je veux être illuminé comme un sapin des Vosges et tout apprendre en trois heures. Au final, c'est une prestation assez mal payée pour un petit miracle.

Au troisième arrêt, pendant que les clients hollandais se régalent, j'attends dehors. La cheffe Monica me donne un demi sandwich au jambon toscan et un verre de vin, ce dernier refusé. Imaginez le client en train de me voir siroter du pinard. La moitié du met part dans la poche, l'autre est engloutie en toute grande discrétion. C'est la première fois que l'on me donne à manger dans la rue. Au final 4/5 en notation sans commentaire, de quoi être fatigué.

Je mange ce bonheur devant la cheffe en disant « oh oui oh oui c'est bon. » On n'a ce que l'on mérite. On a été trop gâté. On s'est trop gâté. Le tour de taille le prouve aisément. Il ne vient pas avec des haricots verts du Kenya. Si on avait moins mangé on serait plus riche. Mais plus con surement. Comme des gens du vin parisiens. Et ils ont raison. Si j'étais meilleur, on viendrait me chercher. Mais on n'est jamais venu me chercher.

Cocotte.

L'art de la promo. Reçu 1,6 kg de sauté de porc de la maison Conquet. Deux heures au four à 150°C. Comme vous n'avez pas le temps, vous ferez vos légumes après. J'avais oublié que de la ciboulette congelée finissait bien un plat.

Vouloir changer.

Vouloir changer c'est assumer ses choix et se battre pour les conserver.

Les enculés refont grève.

C'est constitutionnel. Ou plus précisément à valeur constitutionnelle en préambule de la constitution de 46 repris en 58. Tu peux pas changer la constitution ? Tu aurais pu le faire Charles. Au final t'avais pas de couilles. Tu voulais juste ton petit pouvoir et ta revanche sur 46. L'homme providentiel, le sauveur. T'as sauvé quoi après 58 ? Plus personne ne peut plus rien faire dans ce pays. On est toujours en situation de blocage. Tout le monde fait chier tout le monde. Robespierre, reviens ! Il nous reste un droit : le droit de payer. Ce n'est pas un pays étriqué, c'est pire. La trique. Tu casses, tu tues. Affrontement de deux mondes qui n'existent plus. Partez.

Nourriture.

Malheureusement seule la nourriture positive peut te sauver. Cela ne sert à rien de relire les œuvres complètes d'Hippocrate. J'ai testé aujourd'hui avec une vraie blanquette de veau par une personne qui donne son âme spirituelle quand il l'a fait. L'hindouisme a du bon.

Tout ce que touchent certaines personnes est transformé en bon ou mauvais. Forcément cela impacte au-delà du goût et force le respect quand c'est dans le bon qui fait du bien.

L'effet est réellement immédiat : j'avais le pancréas bloqué depuis cinq jours et ce n'est pas une blague. Il faut donc se donner la chance de bien manger. Pas tous les jours, mais il faut reprendre des énergies, ses énergies perdues. Sinon tu es mort à terme, ce qui veut dire bientôt.

Détoxifier ce n'est pas uniquement par le jus de carotte. Transformer le négatif en positif. Que ce qui tombe mal tombe bien. Ce qui fait mal se libère. Ce qui est bloqué s'ouvre. Il faut y croire surtout quand c'est vrai.

Conseils.

Donner des conseils à quelqu'un est une chose. Surtout s'il est malade. Se les appliquer à soi-même doit avoir une efficacité tangible. C'est toi qui as mal. L'autre ne prend aucun risque. Juste sa réputation s'il est savant ou médecin. Mais tout se justifie en plus. C'est pas de chance. Et au final tout le monde s'en fout. On a tout tenté. Mais t'es mort. Les conseillers ne sont pas les payeurs. Dans le travail, ils gagnent généralement bénéfices de conseils à ton encontre. Le 'tu devrais' ou le 'si j'ai un conseil à te donner.' Les faux amis sont faux. Ils mettent la puce à l'oreille : pas de fumée sans feu. Il faut alors quitter le bateau. On ne peut pas rester sur un bateau avec des traitres ou des ennemis. Tu as peu de chances de t'en sortir. C'est juste une question de temps. Ils t'auront. Le tout pour eux est de trouver le mensonge prétexte pour t'exécuter. Pars avant.

Privé.

L'entreprise privée qui fait le plus de bénéfices en France peut bloquer tout le pays. Total ment. C'est qui le problème ? L'impuissant se fait baiser par le puissant. Ne mets pas des impuissants au pouvoir. Viagra vient de tigre. Il n'est pas dans le moteur, il est cuit dans l'assiette de la République. « Chef, un tigre qui pleure. » Sans énergie on ne peut travailler. Bienvenue sur le site de l'Élysée. En première page, cela rassure : « découvrez Cocorico, un condensé de bonnes nouvelles et initiatives citoyennes qui font rayonner la France ! » Nounours se bat pour la France de sa chambre.

Je jouais aussi souvent aux petits soldats petit. J'étais lieutenant-colonel d'Empire. Je gagnais tout le temps parce que j'étais héroïque.

Ballon d'or.

Devenir président c'est comme un Ballon d'or. Ta consécration. Tu fais plus ton lit ni au lit. Je cherche un Français en or : Karim, Zinédine, Platini, Kopa (Kopaszewski). Ah si Jean-Pierre. Ben oui banane des tropiques, t'es Français parce que t'es né en France si tu au cas où ne le savais pas. T'as le droit de prendre le RER si t'as plus d'essence, sans réduction. Tu peux aller à l'école. C'est important l'école, çà forme les élites du peuple qui y va aussi. Mais le bon garçon il est sage, il ne joue pas aux billes. Tu lui tapes dessus ? Il te niquera plus tard. C'est freudien.

Et si on s'en foutait.

Et si on s'en foutait. Désintoxiqués de la vie publique, des médias. On fait ce qu'on doit faire. On ne se préoccupe plus du reste. On prend les choses une par une. Tu manges une figue ? Avale. Passe après à autre chose. Tu ne vas pas sauver les pingouins.

Tu ne peux pas aller bosser ? C'est à ton employeur de trouver une solution. L'avion du PSG ce n'est pas le problème de Mbappé. L'essence et les clopes, ce sont les seuls trucs que tu ne peux pas te faire livrer sur internet. Pourquoi ? Parce que ce n'est pas bon pour la santé. Mais non. Un cubi de sans plomb en promo chez U. 5 litres, livraison offerte sur Deliveroo.

Politiques.

La taille des grands hommes :

- *Combien tu mesures deuxième pompe ?*

- *Chef, 1m75, chef !*

- *1m75, jamais vu un tas de merde aussi haut que ça !*

Full Metal Jacket, l'élégance des textes de Kubrick.

Guignol ? Où es-tu ? Je l'ai pourtant entendu chanter. Où peut-il bien être ? Guignol, te revoilà !

Dieu merci ! Je t'ai cherché partout. Figure-toi que le gendarme a attrapé le magicien en train de voler mes pommes de terre sautées !

Un siphon fond fond les petites marionnettes.

Psychologie.

Le corps est une machine psychologique qui se dérègle vite. Alors pensez bien.

Aimer son prochain ce n'est pas aimer celui qui passe après toi parce que tu t'es servi en premier.

Cantine.

On nous mettait des grands plats en fer de purée de carottes sur la table. Le grand jeu ? Il ne faut pas rater son école élémentaire. Comme le lycée. Ce sont huit années bénies dans une vie. J'étais un champion pour échanger les cartes. Mon professeur de thèse en DER me dit que j'étais un marchand de tapis. La pire terreur des profs de math aussi. Cela doit être une qualité. 17 ans tu es grand, belle pour les filles, fleurs épanouies qui viennent d'éclore. 20 ans tu es le plus beau. Ta perfection. Pour combien de temps ? Le temps file de sa bobine. On fait des erreurs. Mais elles sont nos orientations. Bizerte aurait pu être mon destin. Mais je ne parle pas arabe. C'est peut-être le lieu où je me suis senti le plus libre et le plus beau à 20 ans. Blond par le soleil et la mer. Basané comme un local. Tout le monde me parlait arabe. Au sommet.

Goûts.

Une cigale de mer échangée contre quelques cigarettes avec des pêcheurs en pleine mer. Un homard en sashimi d'un petit port de pêche de la mer intérieure du Japon. Mon premier thon gras au marché à poisson de Tokyo et mes premiers grands sushis. Mes oursins. Mon palais était basse-cour. Œufs coque, canard de Barbarie, pigeons, lapin, coq au vin et cèpes farcis en saison. L'Olympe était l'oronge. Et les repas de Noël chez mon arrière-grand-mère. Tourte périgourdine de ma grande-tante, truffes et foie gras restant le plus grand souvenir avec l'oie et la dinde farcies, sauce périgourdine aux truffes bien évidemment. On mangeait très peu de fromage.

L'aligot.

C'est ce qu'il faut servir aux touristes. Un aligot pour deux, deux cuillères à soupe, deux vins à cinq euros et roule ma poule. Tu restes dans le budget. Tu parles alors de la purée à la française versus les *mashed potatoes* ou les *bangers & mash*, Robuchon et le beurre, la tomme fraîche, les volcans, tout y est. Le charbon, les bougnats. Le Paris des années cinquante. Il faut que je revienne aussi aux éclairs. C'est tout simple, café ou chocolat.

Chez le fromager ? 100g de comté 24 mois. Coupez-moi la tranche en deux. Cela fait déjà trois arrêts. Trop donner c'est perdre. Une mousse au chocolat pour deux au resto de l'aligot, un chocolatier et des macarons. L'image même du tour gourmet à touristes.

Les pâtisseries par Sho Kimura : matcha, genmaicha, vanille. Les chocolats par Emiko Sano : vin chaud, miso, sakura fumé. Je vais retenter. 45 Rue Saint-Paul, 75004. C'est le bon plan, une petite table avec deux chaises à l'intérieur. Un gâteau pour deux, deux verres d'eau et deux chocolats par personne avec une très jolie présentation toute japonaise très mignonne.

Six macarons pour deux chez Benoît 75 Rue Saint-Antoine, 75004. On en est à cinq arrêts. Une dégustation de miel. Et nous voilà à six sur 200 mètres. On rajoute un fromager. Il faut tenir trois heures c'est un peu short quand même. Un peu de marche alors ? Un confit de canard ? Une gaufre ? Ah oui la boulangerie, et un peu de *street food* avec ces deux éclairs à partager. Le succès ! 40 euros de pourboire.

Nom d'une pipe.

Tu vois, au lieu de s'insurger sur des noms de sociétés, Lafarge, Daech, Total. Tu devrais donner des noms des personnes. Tu vois Pétain on connait.

T'es pas obligé de donner leur adresse à la campagne. Mais ce sont eux qui doivent être visés (c'est une image). Une société peut changer de nom. Et par définition elle est anonyme.

Au nom d'une pipe, Line. Ton blason c'est Renaud avec un dé, le sens du jeu. Tu n'as pas collaboré.

Remplir le frigo.

Il faut aussi se faire plaisir.

Demain cinq steaks hachés de 150g du boucher, 1kg de collier de veau. 20 euros. La livraison était gratuite, code JEFAISMONPLEIN. Et c'est vrai. Très drôle. Pas mangés demain ? Zoup au congélo.

Musique.

Andrea Bocelli et sa fille Virginia dix ans.

Cela change de l'assemblée nationale (je ne mets plus de majuscule). Les bouffons du roi sans roi. Le poulailler de la république (sans majuscule non plus). Qu'est-ce qu'on a fait au Bon Dieu ?

Y parle plus français ou quoi ? En vacances ? Mais où ? Marie, reviens.

Non pas toi Brigitte. T'es gentille, ce n'est pas le problème. Tu présentes bien en Vuitton. La première dame de France.

Moi je préfère Marianne sur les timbres. Cela coûte cher, mais beaucoup moins quand même. C'est beaucoup plus saillant que le bonnet frigide d'Yvonne. Imaginez Marie-Antoinette.

On va quand même se taper Macron dix ans. On enlève le n ?

Ben non pas à ans Rahan. Ah Pif gadget. Le niveau…

On est plus dans le Picsou avec lui. Emmanuel à l'école. Pourquoi tu voles les chewing-gums de tes petits camarades ?

Génies.

Yakult.

Demain je vais acheter du Yakult. Je dois passer à la Poste. Voilà une journée bien remplie. Je reprends vendredi. Le Marais me détend.

Je vais finir le sauté de porc.

Sans riz aujourd'hui.

SMS.

Ils s'envoyaient des SMS pour décider de la santé de millions de personnes. Imaginez en 1917 : « Poupoule, tu m'en mets un million sur le chemin ? On attaque à six heures. Il t'en manque deux cent mille ? Il sont où ? Déjà morts ? Ah les cons, on ne peut plus compter sur personne. »

« Oui c'est ça, les Sénégalais d'abord, *emoji*. On les voit moins dans le noir, *smiley*. »

Brosse à dents.

C'est un bon critère pour cerner les gens.

Selon une dernière étude publiée, ceux qui gagnent le plus changent plus souvent de brosse à dents. Alors souple ou médium ? Testez ce sujet au restaurant, cela détend. Cela fonctionne avec les pantoufles, les pyjamas, les chaussettes, le papier toilette sans tube, Calgon vert ou bleu.

Qu'est-ce que tu fais à Noël.

Des huîtres le 25, foie gras le 24.

Mais non, où ?

En famille ?

On va aller à Maurice cette année. Ouah le pied. Non pardon, chez Maurice.

Il habite où Maurice, à la Réunion ?

Non Limoges et il vient de se faire virer.

Ah l'andouille de Vire et…

Moi je vais à Rodez.

Quelle chance, c'est beau Rodez. Le charme des vieilles pierres, Soulages : lard informel, à la bonne franquette car tout est bon dans le cochon en Aveyron.

Et puis Figeac ce n'est pas si loin. La rosette ce n'est pas qu'à Lyon.

Pour ma part, à Noël, je préfère un petit Jésus. Avec du pain et du vin cela se marie bien.

Depuis 1925
LA BONNE FRANQUETTE
Anciennement
"AUX BILLARDS EN BOIS"
Cette auberge est célèbre depuis 1890
Rendez-vous d'artistes, elle a accueilli
DIAZ
PISSARO, SISLEY, DEGAS
CEZANNE, TOULOUSE-LAUTREC
RENOIR. MONET. ZOLA...
SON JARDIN SERVIT DE MODÈLE À
'VAN GOGH'
pour son tableau célèbre
'LA GUINGUETTE'
Peint en octobre 1886 et exposé maintenant au
MUSÉE D'ORSAY

Sur un banc.

Je fais une pause sur un banc. Un jeune qui s'appelle Sofiane, sa mère voulait l'appeler Louis, vient me poser la question suivante : quelle est la différence entre un menteur et un traître. Moi je veux juste rentrer chez moi et boire un grand verre de lait.

Le traître ne cherche pas forcément à mentir même s'il ne refuse pas le mensonge comme argument. Le point de différence entre le mensonge et la traîtrise n'est pas dans le rapport à la vérité. Le mensonge porte atteinte à la vérité en étant son inverse, le traître porte atteinte à ce que vous êtes dans votre existence, par relation ou par votre position. Il vous élimine : Brutus.
Pas le chien. Il vous dénigre.

Team Building découverte de Montmartre.

Trente personnes. Rendez-vous à la sortie du métro Abbesses ligne 12. Nous prenons dans un premier temps un bus (le 40). Nous débutons dans un restaurant historique qui a accueilli notamment : Pissaro, Zola, Toulouse-Lautrec, Cézanne, Monet, Renoir, dont le jardin fut le modèle du tableau de Van Gogh (1886) *La Guinguette à Montmartre* exposé au musée d'Orsay. Entrée, plat, dessert. Vins compris. Le sommelier fait partie de l'Association des Sommeliers de Paris. Ce n'est donc pas une couille.

Puis nous redescendons, passant par le Moulin de la Galette, la chambre de Camus et l'atelier Picasso.

Ah les tripes.

On dit souvent : « cela fait longtemps que je n'ai pas mangé de tripes. » Il y a une raison : il faut que ce soit très bon.

Le pied de cochon.

Oui mais désossé. C'est au chef de bosser. D'où l'appel à Bobosse.

Camdeborde au marché, rappel.

Poitrine de porc noir caramélisée au miel corse, cœurs de canards, shot de sang, pain et beurre à volonté. Le problème ? Trouver une place au bar. Et cela donne soif.

La mer est également bien présente.

Je veux savoir.

Les scandales de l'UNICEF pour quelques millions ?

Non.
Je veux savoir qui produit les saucisses de Toulouse que j'ai commandées pour demain. 12700 Capdenac-Gare depuis 1923. Cela rassure. Ils donnent même des recettes ! J'adore. Les bons gars.

C'est la France qui se relève. Normal pour des saucisses.

UNICEF.

Concrètement l'UNICEF met son logo contre rémunération sur des produits d'entreprises qui s'enrichissent sur son dos. Exemple Vuitton pour ne pas les citer. Mais si en plus ces entreprises font travailler des enfants, cela peut poser problème.

C'est comme découvrir que le patron des écolos va à la chasse au sanglier tous les dimanches en saison ou que Mitterrand était jeune d'extrême droite conservant ses amis. Que Sarkozy, était l'ami de Kadhafi qui lui rendait bien. Qu'Hollande lisait L'Équipe le mercredi au café 17 Rue de Bourgogne, puisque j'étais juste à côté de lui ? Bien entendu avant sa présidence mais toujours avec son scooter.

Ce n'est pas de la corruption. C'est de la gestion : le sens des affaires. Publiques.

Sauf pour Hollande. Il y croyait. Il a dû déchanter dès le premier jour sous la pluie. Il n'a pas été verni. Le seul mouillé au sens propre. Avec un nom pareil, on devait s'attendre à une croûte.

Il aurait fait un bon maire. Tulle c'est bien mais cela manque un peu d'ambition. Pas comme Bruno qui cumule. Bruno, ton nom ? De quelle ville ? Bercy. Nombre d'habitants ? 5 000.

Il est bien Bruno, il se promène à Saint-Germain-des-Prés en jean avec un petit pull sur les épaules, genre catho du quartier. C'est pour cela qu'il n'est pas repéré.

Répétitions.

Les politiques répètent toujours la même chose. La même rengaine.

C’est comme les Beatles, mais c'est moins audible.

Ob-La-Di, Ob-La-Da.

Zob l’a dit, Zob lala, pas de harcèlement au parlement.

Penser au plaisir du soir.

En début de journée, il faut penser à la récompense.

Un verre avec des amis, un théâtre, un repas avec ses enfants, avec ses parents, l'amour a parfois bon goût, avec des amis, une sortie, un plan télé canapé, un plan je dors en pensant à ma douce couette et mes oreillers, un bain aux huiles essentielles avec plein de mousse, un concert, un film, un match dans son lit.

Mon grand-père pensait à ce qu'il allait manger.

« Ce soir… ». Cela signifie que la terre peut s'écrouler, cela ne changera rien.

Et puis l'horizon, pas trop lointain, le prendre l'air, un week-end, des vacances.

Horizons.

L'horizon. L'horizon est très important. Pas d'horizon, pas de vision. Quand je serai grand. Maintenant t'es grand, alors tu vas où. Accepter la torture (travail), les emmerdes (voiture, transports), les menteurs, les faux. Comme tout le monde ment, le moindre mensonge paraît vrai. C'est eux qui ont raison, pas toi.

Tu n'as pas le choix ? Qui a dit ça ? Ne te prends plus la tête, vis. Pas assez d'argent ? Alors limite à ce que tu aimes, et à ceux que t'aimes et qui t'aiment.

Nouveaux dieux.

Morphée, dieu des rêves. Nous on a inventé morfler.

France.

Qui a créé la France ? Les Germains. On s'en sort bien, cela aurait pu être les Huns, les Sarrasins ou les Vikings. Ils ont pris la Normandie. On a gardé les crêpes.

Ticket.

Une dame qui habite Thiais (94) avec un caddie bien rempli se fait taper dans le bus sans ticket par les contrôleurs. Comment elle va se faire défoncer ce soir par son mari...

Je ne donne pas l'origine. Mais je pense qu'il ne va pas être content du tout du tout. Parfois la loi du silence est la meilleure.

C'est comme pour la fourrière, t'as tout gagné de ta journée.

Avec des si.

J'espère un petit boulot demain. Si non, ce sera pour après-demain. Avec des si, on ne sait pas la musique de la vie. On la subit.

Samedi 22 octobre 2022.

Personne ne sait ce qui va se passer.

Je vous dirai dimanche.

La Flûte enchantée.

Pipeau la flûte enchantée, Papageno, Tamino et Pamina sont sur un bateau. Trois en guerre tombent à l'eau.

« Ho merde s'écrie Pipeau. Un bateau à quatre ce n'est pas comme un cheval à trois. » Pipeau seule gouverne. Elle va alors chercher les trois mouillés. Morale de l'histoire : pipeauter ce n'est pas abuser quand tu es une femme, c'est assumer.

Et il vaut mieux dormir la nuit que d'écrire des conneries. C'est plus reposant.

Noël approche.

J'ai les boules mon père.
Moi aussi. Mais en plus j'ai le sapin.

Rappel.

Soigner : s'occuper de soi ou des autres.

Que deviens-tu.

Je m'occupe de gens malades dans les sociétés.

Grâce à vous, j'ai quitté le monde du vin.

Redevenir libre.

On m'a toujours dit ce que je devais faire, ce qui est bon pour moi.

Pour la première fois de ma vie, je peux redevenir libre.

Cage.

1Q84-Livre 1. Murakami : devenir libre, qu'est-ce que cela veut dire finalement ? Est-ce que cela signifie réussir à s'échapper d'une cage pour s'enfermer dans une autre, beaucoup plus grande ?

Non : l'oiseau ne connait pas le concept de cage.

Et il t'emmerde.

Citations.

Citations notées des ouvrages précédents.

Petit dictionnaire plus blagueur des boissons, des vins et de la table :

« On ne se tape plus des fillettes à table sauf si on est lyonnais, écolo ou cinéaste. Immaculatus. Immaculé. Conception. Immaculistes. Inoculés = positifs. »

Petit dictionnaire blagueur des boissons, des vins et de la table :

« Il vaut mieux un pécharmant qu'un souffle-au-cul. On ne dit pas Monte Rachet ou Monte Louis. Tout dépend dans quel sens on le prend. »

Dictionnaire du bien boire et bien manger pour les apprentis de France en formation de Cavistes Sommeliers :

« Argenteuil. Plus importante commune viticole française avec 1 000 hectares de vignes à la veille de la Révolution, n'en comptait plus que trente en 1960, avant qu'une ZUP (zone à urbaniser par priorité) ne l'achève. Terre à asperges, on comprend alors la qualité des vins de l'époque. »

Dictionnaire du bien boire et bien manger. Tome II, choses impossibles à retenir :

« Dialogue du thé et du vin, vers 900 Wang Fu.

Qu'est-ce que le patriotisme sinon l'amour de la nourriture de notre enfance. Aucune invention n'a été plus importante que le thé et le vin. Accordons-nous, lisons les mêmes livres. Tannins : mangez la matière solide du vin et vous vous déchirerez les entrailles. »

Initiés :

« La France de CHLODWIG OU CHLODOWIG. Virulente : monsieur remettez votre masque. Je réponds : ne vous inquiétez pas, je suis déjà contaminé et en plus j'ai le SIDA. »

Délivrés :

« Les voyages sont des lumières d'angoisses et de bonheurs. Les nuits blanches donnent à la jeunesse le point du sublime. »

J'aime pas :

« Il est con ce Castex avec son 'dès demain' ; donc tu nous prends pour des cons depuis quand Jean ? 50 pour 100 000 en %, 0,05%, non ? Cela fait donc 99,95% de non contaminés dans la population ? Cela ressemble à du scientifiquement correct. Quinze mois pour cette maîtrise de haut vol. Cette tendance des acronymes en France est aussi assourdissante, le ou la CO.VI.D : Disease au masculin ou féminin ? Champions. Sauvés par l'ARN heureusement sans risques. Et merci.

Juste tiré :

« On n'est marqué que par le grand. Au début, cette histoire de masques ressemblait à une mascarade : on tricotait chez soi, on perçait de vieilles chaussettes et on faisait la queue devant les supermarchés. Mascarades : au printemps dernier on nous confine puis déconfine sans masque pour l'été. Maintenant, treize mois après, on attend bien masqués. Mais quels niveaux d'études ont nos élus et gouvernants ? Robespierre et Bonaparte doivent se retourner face à cette France. Une farce trop salée. À l'époque, une heure pour tout faire, mais attention un kilomètre et pas plus, comme chez le boucher, au gramme près. On ne savait plus quand mettre le masque. Ah oui dans le bus, pas dans la voiture, pas aux enfants qui sont propres. Les seuls heureux avaient des chiens. »

Philosophies :

« Rivotril. Ce médicament ne doit jamais être utilisé dans les situations suivantes :

· insuffisance respiratoire sévère,

· syndrome d'apnée du sommeil.

N'utilisez jamais RIVOTRIL :

Si vous avez une insuffisance respiratoire grave.

Si vous avez un syndrome d'apnée du sommeil (pauses respiratoires pendant le sommeil).

On a donc utilisé ce médicament pour forcer la cause et le décès hors-AMM autorisation de mise sur le marché et ce par décret : prise en charge palliative de la détresse respiratoire des patients atteints ou susceptibles d'être atteints par le virus. »

Philosophies tome II :

« Qu'est ce qui pourrait me faire du bien. C'est une question toute personnelle que tout le monde devrait se poser. Pensons à demain. Pour réussir demain, le rendre ensoleillé même sous la pluie, transformer le maussade en sourire. »

Mini-Guide du Bien Manger. François Lavergne. Œnologue et goûteur qui a toujours faim :

« L'âme. Le saké comme âme du Japon, animiste et amérindien, comme âme éternelle transmise par l'esprit, via le corps. Dansons aux sons sociétaux. Aimer le goût est déjà une transmigration. On fête le village, les saisons, les naissances, la procréation, l'avènement. »

Révolutions :

« Chinoiseries.
Cryogéniser, une solution pour l'avenir ? Des scientifiques d'un institut privé travaillent sur la cryogénisation pour faire revenir des gens morts à la vie. Devant des écoliers venus visiter l'institut, le directeur fait revenir un poisson rouge à la vie par cette méthode.

Dans cet institut, douze personnes volontaires sont dans des réservoirs où la température est de -196 degrés. La première personne souffrait d'un cancer incurable. Mais selon eux, si on n'arrive pas à soigner un cancer incurable, alors c'est inutile de ressusciter. CQFD quod erat demonstrandum QED bro. »

Mini-Guide du Bien Manger Tome II :

« Le goudron et les plumes. J'ai choisi le goudron, je fume. Vous en pensez quoi ? De l'injection humanitaire du Rivotril qui a expédié dans l'autre monde nombre de personnes sans leur consentement, ni celui de leurs familles : signé par Édouard Philippe et Olivier Véran, publié au Journal officiel le 29 mars 2020, le décret du 23 mars par dérogation de l'article L5121-12-1-2 du code de la santé publique élargit le périmètre d'utilisation du Rivotril sous sa forme injectable. La mesure est valable jusqu'au 15 avril***, ce qui correspond à la vague attendue de la pandémie. Cette mesure d'exception doit aider les soignants qui font face à la détresse respiratoire des patients selon la formule médicalement consacrée et soustraire ceux qui sont atteints par la forme la plus grave du Covid à une mort par étouffement. Prise en charge des patients atteints ou susceptibles d'être atteints. Autres scandales ? Puiser dans le passé ne sert à rien. Mais cela serait fort condamnable sous d'autres juridictions. Au procès de Nuremberg, on a dit : « c'est pas bien. » Véran aussi. 10 - 20 000 morts (?) ne comptent pas en statistiques sauf pour les familles. Bon débarras. Ils méritaient tous la mort comme vivants. C'est chiant les vieux, ça pisse partout et c'est très con. Il faut toujours tuer les cons. Surtout vieux.

JOURNAL :

« Progresser. C'est apprendre. Amitié. Familiale ou non : c'est aider et pardonner. Mais ce n'est pas voler. Aubaines. Les guerres ne sont-elles pas parfois une aubaine pour le pouvoir ? La révolte des vignerons, 14 ça calme ; Macron et le virus, péril après gilets. Le 15, ça calme aussi. Pénuries. Pénurie de QI. Il faut replanter. Erreurs. La plus grande erreur est de croire que l'on a raison. Il faut expier. Payer sa dette. L'erreur est une dette. Dimitte nobis debita nostra. Domine, efface nos dettes et pardonne-nous. Nous avons péché. »

Écrire ses rêves :

« Conscience. Pourquoi Bayer a acheté Monsanto ? Communiqué officiel : chez Bayer, nous regardons la nature telle qu'elle est : ni complètement parfaite, ni totalement imparfaite. Stoïcisme. Entretiens d'Épictète d'Arrien de Nicomédie, chapitre 1er : « s'être placé au-dessus de tout obstacle et de tout accident pour les choses qu'on désire ou qu'on veut éviter. Idées noires. PinPin le lapin de bon matin s'en va-au jardin. Que fait-il ? Il se fait manger par le loup le crétin. Morale de l'histoire, reste dans ton trou le lapin. Maman lapine, papa avorte. Le monde à l'envers Simone. Vivez heureux. N'écoutez pas les corbeaux. Les enfants oui si vous les aimez. J'ai rencontré ce soir un petit chien qui venait d'avoir quatre mois. Rue de Jouy. Enfin une chienne. Elle était heureuse, pleinement heureuse. Devant chez Nico.

Fin, enfin

CHAMPAGNE
François Lavergne
PRODUIT de FRANCE

CHAMPAGNE
François Lavergne

www.ingramcontent.com/pod-product-compliance
Ingram Content Group UK Ltd.
Pitfield, Milton Keynes, MK11 3LW, UK
UKHW021644190726
13853UKWH00001B/33

9 798211 888678